# VAMOS A LEER

## Poemas para soñar y jugar

Julián Rivero

© Julián Rivero 2025

jriverog66@gmail.com

ISBN: 9798267309639

Diseño de cubierta por Julián Rivero.

Si deseas tomar algún texto de este libro, por favor notifícalo y otórgale el crédito respectivo.

Las ilustraciones de este libro fueron generadas con herramienta de IA Copilot.

No dejemos solos a los niños y niñas
en su fascinante deseo de ser felices.

**Niño, niña, es importante contemplar el paisaje donde encontrar la paz.**

# ÍNDICE

1 Invitación al vuelo de las palabras .............. 7

2 Juegos ilusiones y vuelo infantil................. 13

3 Naturaleza vibrante........................................ 21

4 Sueños, misterios y fantasía ....................... 29

5 Hogar y conexión afectiva .......................... 41

6 Poemas juguetones y sorpresivos .............. 49

7 Cantemos en Navidad .................................. 65

El autor ............................................................ 71

La poesía es un alma mágica
que nos lleva de la mano.

# 1
# INVITACIÓN AL VUELO DE LAS PALABRAS

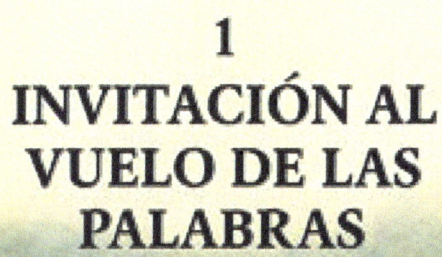

*Abre tus ojos,
abre tus alas,
vuela conmigo
entre las páginas...*

## Vamos a leer

¡Oh!, libro que a mí has llegado,
esta mañana azul, linda y tranquila,
mira en la calidez de mis pupilas
la emoción feliz que me has causado.

Podrán haber sacado mil inventos
que cautivan el alma de los niños,
pero mi corazón sería mezquino
si al libro le perdiera el sentimiento.

¿Que si me gusta leer?
¡Claro que sí!
¡Tanto me gusta!
Leyendo y leyendo
me siento feliz.
¡Vamos a leer, vamos a leer!
La flor, las estrellas,
la luna y el mar,
¡linda poesía, vamos a cantar!

# Abracadabra

Abracadabra,
allá en la montaña
juegan las cabras
juegos de palabras,
abracadabra,
viene la manaña
quien tenga la llave
que abra, que abra.

Que abra la puerta,
también las ventanas
para que entre el Sol
con su luz temprana.
Despierta mi niño,
despierta mi niña
vamos a jugar
el abracadabra.

## Me pregunto yo

¿De dónde sale tanta arena
que el mar se lleva y se lleva
y siempre en la orilla queda?

¿Dónde beben agua las gaviotas
que vuelan, vuelan y vuelan
sin abrevar una gota?

¿Es cierto que las ballenas
tiran agua por su espalda
para no ahogarse de penas?

¿Es que el mar se ha salado
con lágrimas de tortugas,
de pececitos y estrellas?

Eso me pregunto yo
mirando el azul del mar.
Y tú, ¿cuál pregunta tienes
antes de irte a soñar?

## Este amanecer

El alba despierta como en terso lienzo
con pinceladas de risas y cantos
de niñas y niños felices, sin llantos
que pintan alegres un bello comienzo.

Dibujan la flor con líneas de ternura,
pintan deliciosos mangos maduritos,
pintan las mariposas y los pajaritos,
dibujan con trazos de santa dulzura.

Este amanecer tan lindo y profundo
que nada detenga su felicidad,
la risa infantil es la claridad
donde echa raíces el amor del mundo.

# Dulce inspiración

Abre tus ojos,
despliega tus alas,
sigue volando
entre estas palabras.

Qué agradable es
saber que te encanta
leer la poesía
que en tu pecho canta.

Eres tú, alegría,
dulce inspiración
que llevo prendida
en el corazón.

También en el mío
hay un ruiseñor
entonando rimas
y cantos de amor.

# 2
# JUEGOS ILUSIONES Y VUELO INFANTIL

*Cuando el viento juega
y las risas suben al cielo,
todo es posible...*

## Doña Cometa

Tiene cuerpo de barril,
cola larga y vestido de seda,
es liviana como el viento
y muy juguetona doña Cometa.

Vuela, vuela, vuela, vuela que te vuela,
la brisa se estampa en su cara de seda,
todo es más bonito mientras más se eleva,
todo se ve lindo abajo en la tierra.

Vuela, vuela, vuela, vuela que te vuela,
El niño la mira, sube, sube y sube
correteando vientos, columpiando nubes
tras las ilusiones de doña Cometa.

Se pone mansito el viento en el mar
va cayendo el manto del atardecer,
y el niño extasiado la ve descender
pensando mañana volver a volar.

Al llegar la noche cantan las estrellas,
la tibia almohada acurruca el sueño,
el niño feliz recostruye el vuelo
asido del brazo de doña Cometa.

## Kubaru ana jokoroko

¿Las nubes te dan un beso
o tú las besas a ellas,
barrilete, papagayo,
chiringa de las estrellas?

¿El viento roza tu cara
o tú te metes en él
cometa, tako, pizcucha,
pajarita de papel?

En la inmensidad del cielo
pides y pides cordel,
fiadores y papeletas,
bullanguero amigo fiel.

Aquilone de la brisa,
bajo el inclemente sol
un niño vuela sus sueños
waraquiyya volador.

## Bajan los luceros

Bajan los luceros del cielo infinito
a beber el agua del mar.
¡Qué lindo cocuyo! ¿Será un lucerito?
Mi niña lo mira y lo quiere alcanzar.

Grillos y cocuyos, ranas y luceros…
el concierto va a empezar:
¡Cri!, ¡cri!, ¡croac!, ¡croac!, ¡titilín!, ¡titilar!
y bajan las gotas del frío sereno.

Cayó una estrella en el pozo del alma,
con mi niña quiere jugar,
pero se ha dormido y cuando llega el alba
la estrella se ha ido a su santo lugar.

## Sirenas

Una sirena sobre la arena,
sobre la arena la ola pasó,
¿A dónde fue? Se la llevó.
¡Ay qué dolor, qué pena!

Vino la furia de la marea,
algas y espuma solo dejó…
No te ilusiones, no hay sirenas,
que no las hay, no mi señor.

Si hubiese alguna tan verdadera,
de las que cruzan el ancho mar,
son las sirenas de viejos barcos
acostumbrados a navegar.

# El pececito y la luna

Mira la luna que va amanecida
a lavarse la cara en el fondo del mar,
un pececito la mira y la mira,
el pececito la quiere atrapar.

Pececito, pececito,
que nadas y nadas sin descansar,
la luna que estás mirando
no la puedes atrapar.

Tus aletitas no alcanzan
para volar y volar
porque la luna es del cielo
y tú eres del ancho mar.

Esa luna es un reflejo,
un reflejo nada más,
que se mira en el espejo
donde tú sueles nadar.

## Chispita

Era de la calle cuando la encontré
sedienta, con hambre, terrosa, infeliz
su patita rota la hacía dar traspiés,
su vientre abultado parecía un barril.

Rabito tocucho desde el nacimiento,
ojitos saltones, orejas caídas,
el hambre la helaba con fiero tormento,
en los basurales pasaba sus días.

La calle le dio su primera escuela,
saltona, melosa, pícara y zagaz,
se ganó el cariño hasta de la abuela
y en mi corazón ya tiene un lugar.

# 3
# NATURALEZA VIBRANTE

*En cada hoja, en cada ala,*
*late un mundo pequeño*
*lleno de grandeza...*

## Pobre polilla

Buscando su ilusión luminiscente
estaba empecinada una polilla,
tanto voló y voló, pobre inconsciente,
seducida por la luz de la bombilla.

Extenuada de volar, sin darse cuenta,
desfalleció la pobre sin fortuna,
creyendo que aquel faro incandescente
era más accecible que la luna.

# Ronda de las abejas

Run run de las flores
en plena mañana,
rondan las abejas
en la hora temprana.

Lindas obreritas,
zumban en tropel,
recogen el polen
para hacer su miel.

Falditas listadas
de oro y carbón,
gotitas aladas
que liban la flor.

Run run de las flores,
danzan juguetonas,
liban los olores
de frescas corolas.

## Sonetillo de las hormigas

Marchan las hormigas
siempre laboriosas,
se ven muy hermosas
juntas como amigas.

Acarrean migas
frescas y sabrosas,
son tan afanosas,
nada las fatiga.

Suben la montaña,
bajan por la cuesta.
¡Qué grande es su hazaña!

Marchan muy dispuestas
en ruda campaña,
nada les molesta.

## Araña laboriosa

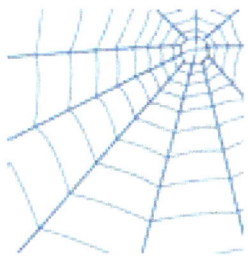

Teje la araña un tapiz
con hilos de fina seda,
hila que hila en su rueca
siempre feliz.

Se columpia con dulzura
ensedando su telar
como maestra ejemplar
de alta costura.

Tanto y tanto ha trabajado,
que le ha quedado muy bello,
día y noche hiló la seda
de sus cabellos.

Un arcoíris refleja
cundo el sol peina los hilos
maravillosos y finos
de fina tela.

¿Teje la araña un bordado,
una trampa o un artificio?
Es admirable su oficio
tan denodado.

## Don sapo canta a la luna

¿Sabías que el sapo,
chato y barrigón,
con su panza inflada
toca el acordeón?

Se esponja gracioso,
afina su fuelle,
su fuelle sonoro
tan maravilloso.

¡Croac! ¡Croac! ¡Croac!
¡Curruchá, curruchá, curruchá!
En la charca hay un concierto
que don Sapo toca ya.

Mira la luna que mira
a don Sapito lipón,
que se vistió con camisa,
corbatín y pantalón.

Tan serena está la noche,
la noche serena está,
se escuchan mil acordeones
que tocan el ¡curruchá!

Tarareando la sonata
un niño despierto está,
y don Sapo allá en la charca
entona su ¡curruchá!

En el cielo está la Luna
extasiada de ilusión
contemplando la hermosura
de Don Sapo y su acordeón.

## Cigarra

Tan acalorada iba la cigarra
buscando la sombra del cañaveral,
cambió su ropaje, su dura carcaza,
agitó sus alas y empezó a volar.

Su metamorfosis nos dejó abismados,
de ninfa misteriosa pasó a ser más bella
su canto es un río que se ha desbordado
sobre los afluentes de la enredadera.

Qué bonitas son las tardes del campo
cuando las cigarras se van a dormir,
despiden el día cantando y cantando
la tonada alegre de un corto vivir.

# 4
# SUEÑOS, MISTERIO Y FANTASÍA

*¿Dónde termina el sueño y empieza la realidad?*
*Aquí, todo es magia... Ven.*

## Para soñar despierto

Para soñar despierto
tengo el espejo del mar
y una enramada de palmas,
donde miro cada tarde
el Sol que se va a acostar.

La noche, llega la noche
en alas de un alcatraz,
en el cielo hay una estrella,
una estrellita fugaz.
¿Quién la pudiera alcanzar?

La noche tendió a la luna
su sabanita de luces,
un grillo toca un concierto,
la luna ya está dormida,
y yo soñando despierto.

## Gota de rocío

Una gota de rocío
adherida al ventanal
es una lágrima del tiempo
o una caricia matinal.

¿Has visto cómo está la mañana
con un color especial?
Sinfonía de los pájaros
anuncian el despertar.

Asómate, ve al jardín,
oye a la abeja zumbar
y entre las piedras un grillo
no ha dejado de cantar.

Una gota de rocío
cae por el ventanal
como caricia del tiempo
sobre la faz del cristal.

## Palomita blanca

Palomita blanca quédate conmigo
vamos a jugar bajo los olivos.
No tengo migajas que poderte dar,
pero tengo el alma para festejar
la inmensa alegría de poderte amar.

Palomita blanca si trajeras trigo
haría panecillos te daría abrigo,
pero tengo sed, agua no he bebido,
trae en tus alitas aliento divino.

Palomita blanca tráenos la paz
bajo los olivos que quiero soñar
sin miedo ni penas que me hagan temblar.

# El mejor serenatero

De todos es Felipe el mejor gato,
se emociona cuando toco la guitarra,
amasa cada nota con sus garras
y se queda extasiado con mi canto.

De noche cuando tocan los luceros
con mandolinas de luces suaves trinos
entre todos los trovadores felinos
Felipe es el mejor serenatero.

¿Por qué tiene mi gato ese talento?
Porque escucha con pasión los estribillos
que en el palco de la noche cantan los grillos
y se pone estrelladito el firmamento.

## ¡Ay, qué pena!

La pobre agujita ha quedado ciega,
es del costurero la más especial,
es la preferida de doña la rueca
y amiga del noble tambor de bordar.

Un peine bohemio de fino carey
muy empecinado en ganar fortuna,
peinando la barba de un malvado rey
ha perdido parte de su dentadura.

Un reloj cansado de andar a destiempo,
persiguiendo horas en la noche oscura,
se ha puesto tan viejo sin temple ni aliento,
ya no hay relojero que le dé la cura.

El señor paraguas, de estilo moderno,
se entibia con lumbre del viejo farol
rogando que pronto se vaya el invierno
para ser de nuevo señor tapasol.

## Relojes

En el reloj del payaso
el tiempo pasa de risa,
así la vida de prisa
dura un buen rato.

En el reloj de arena
la espera es un desierto
que deja al descubierto
horas enteras.

Los relojes de hielo
se apagan en verano,
pero arden en la mano
cuando es invierno.

Hay relojes de silencio,
de campanadas mudas,
y también hay de espuma
que andan con el viento.

Cuando se escapa el día
en el reloj de sal
la vida es como un mar
en la relojería.

Hay relojes ancianos
que les pesan las horas
y marcan las demoras
creyendo que es temprano.

Tengo un reloj de cal
que blanquea el tiempo
y si le pega el viento
se echa a volar.

## Bajo una cornisa

Una golondrina,
que perdió su vuelo,
se le fue el verano
y voló en invierno.

En una cornisa
fijó residencia
bajo la inclemencia
de gélida brisa.

Bajo el yerto alero
colgó su levita
de negro azabache
y pechera blanquita.

Con pajita suave
tendió su camita
donde espera ansiosa
la cálida brisa.

Cuando se hayan ido
los vientos glaciales
volverán al nido
lindos madrigales.

Un día volará
en el cielo azul,
¿A dónde irá,
al Norte o al Sur?

## Caballito de mis sueños

De mi caballo dorado y portentoso
escribiré páginas de gloria,
fiel compañero, contaré su historia,
es de papel, pero muy brioso.

Con elegancia, robustez y pericia
en las batallas es mi caballo alado,
con cada línea lo he dibujado,
cual alazán de amor, paz y justicia.

Es el caballo donde voy montado
cuando sueño viajar por las estrellas,
valiente y juguetón, sus crines bellas
bañan de luz el cielo que he pintado.

Todos los niños quieren tener uno
lindo, robusto, caballito fiel,
para volar a lomo del corcel
cuando la paz renazca en este mundo.

## Ruidos misteriosos

De noche se escuchan
ruidos misteriosos
que hielan la sangre
y nos ponen miedosos.

Nos aterra el bicho de la oscuridad
que está en el armario y quiere saltar
sobre nuestra cama,
¡qué calamidad!

¡Tranquilo, tranquilo!, deja la ansiedad,
solo es la madera con resequedad
que el frío la cruje
y la pone a temblar.

# 5
# HOGAR Y CONEXIÓN AFECTIVA

*"Mi nido de historias, mi hogar de amor..."*

## Recuerdos del abuelo

Cuando pienso en mi abuelito
siento una gran alegría,
aunque ya no está conmigo,
recuerdo sus fantasías.

No sabes cuánto lo adoro,
le tengo mucho cariño,
porque con sus lindos cuentos
yo me quedaba dormido.

En mi sueño él es un héroe,
mi abuelito querendón,
corazoncito de almíbar,
mi abuelito juguetón.

# Mi hogar

Madre y padre tengo, nací del amor,
qué cosa más bella, vivir con los dos.
Él me da sus mimos, ella su calor,
orientan mi vida por la ley de Dios.

No tengo palabras para agradecer
todos los esfuerzos que hacen por mí:
si me notan triste, me hacen reír,
y me dan la mano si me ven caer.

Junto a mis hermanos vivo muy feliz,
con respeto mutuo y cariño fiel,
somos un equipo que ha de trascender
porque nos amamos desde ahora hasta el fin.

## Mi maestra

Tengo un amor tan grande
como mamita y papá,
aunque no lleva mi sangre,
la amo tanto, tanto y más.

Cada mañana su rostro
tan bonito me recibe,
lidia con tantos problemas,
pero ella siempre sonríe.

Me emociona con el tono
musical que hay en su voz
cuando explica con entrega
la magia de su lección.

Mi maestra, es mi maestra,
manantial de inspiración
y de estas ganas enormes
de entregarle el corazón.

## Un día feliz

Este es un día cuando me siento feliz,
mi corazón de amor se ha desbordado,
es un día mejor que tantos otros,
aunque no tengo todo lo que he soñado.

Tengo el aire y el sol, flores y aves,
también tu dulce voz para inspirarme
y decirte con versos lo que sabes,
mamita, que he nacido para honrarte.

Hoy quiero que hagamos una ronda
tus manos y las mías enlazadas,
danzaremos al compás de la alborada
con los cantos de las aves y las olas.

## Oda infantil al mango

¡Oh, mango de mil sabores!
dulcito como la miel,
quién te pudiera comer
de a bastante, de a pocote.

¡Oh, mango fragante y bendito,
que en mayo hace la antesala
con su floración de gala
a abejas y pajaritos.

¡Oh, inestimable mango,
no se nos puede olvidar
que eres el rico manjar
que nos nutre con su encanto.

A mí me gustan rojitos,
pasaditos de maduros,
también me gustan los duros
picados de pajarito.

No hay nada más delicioso
que darle voraz mordisco
a un mango muy madurito
fragante, rico y gustoso.

Mangales de mil colores
sembrados por todas partes
para que nunca nos falten
sus deliciosos sabores.

## Hermanita, hermanito

Hermanita, hermanito
pedacito de mí vida
mi amor por ti es infinito
yo te cuido, tú me cuidas.

Creceremos siempre unidos,
compartiremos el pan,
para quererte he nacido,
nada nos separará.

En el patio jugaremos,
me ayudarás a estudiar,
seré tu fiel compañero
unidos hasta el final.

# 6
# POEMAS JUGUETONES Y SORPRESIVOS

*Sílabas traviesas, rimas saltarinas,
juego de palabras para reír sin fin...*

## Luciérnagas juguetonas

Luciérnagas juguetonas,
destellos de frágil vuelo
cocuyitos saltarines,
en las cortinas del viento.

Salen a jugar los duendes
con la luz de sus farolas
tímidas e intermitentes,
estrellitas voladoras.

A través de la ventana
un niño las ve pasar
formando una caravana
con mágico titilar.

## El pez que bebió y bebió

El estanque se ha secado
porque un pez se lo bebió.
¿A dónde fue, dónde se metió?
¡Ay! ¡Qué pez tan descarado!

Mira que dejar el lago
sin agua donde nadar
es una pena sin par.
¿Ahora, dónde me baño?

Pero, ¿qué clase de pez
puede beberse un estanque
y marcharse tan campante
con tanta desfachatez?

Se lo bebió completito,
¡Glup! ¡Glup! ¡Glup!, se lo tomó.
Este es el cuento cortito
del Pez que bebió y bebió.

## Cómo dromedario perdió su joroba

Un dromedario que se creía camello
decía y decía que su otra joroba
la dejó en la fiesta arriba en el cielo.

Sí, es cierto, Papá Dios hizo un brindis
para inaugurar el Edén,
invitó al Camello y al Dromedario también,
pero en un descuido, a la hora de partir
hubo un trueno fuerte que los asustó.

Camello corrió con sus dos jorobas,
Dromedario solo se puso una sola.
Si no me lo creen, pregúntenle al mono
que detrás de unas ramas presenciaba todo.

## ¿Qué será?

Dentro de un capullo
de seda y palitos
mora un gusanito,
¡oye su murmullo!

¡Fruu! ¡Fruu! ¡Fruuu!
Frota que frota su cuerpecito,
frota que frota muy despacito.
¿Lo oyes tú?

Van más de diez días
pronto nacerá,
¿qué será, que será?
¿Mariposa o polilla?

¡Cuánta expectativa!
Pronto nacerá,
¿qué será, qué será?
Quien sepa, lo dirá.

## El serrucho desdentado

Un serrucho perezoso
perdió algunos dientes.
En eso nos parecemos,
le dijo el abuelo, sonriente.

Tararea su guaracha
alegre sobre el tablón,
¡riqui, riqui!, ¡rucu, rucu!,
don serrucho juguetón.

Este serrucho,
siempre tan olvidadizo,
nunca sabe dónde pone
la desdentada hoja
con que interpreta alguna tonada
sobre delgada tabla
o listón macizo.

Como le está fallado la dentadura,
ahora se ha vuelto un poco desobediente,
por no serruchar tan fino,
como lo hizo siempre,
han pensado en tirarlo a la basura.

¿Por qué no lo llevan donde el dentista?
Preguntó un niño ingenioso e inteligente.
El abuelo carpintero tomó el consejo,
entonces le colocaron
dentadura muy reluciente
y el serrucho volvió a cantar como un artista.

¡Ahora serrucha con ritmo vibrante,
canta la guaracha con dientes brillantes!

# Candado

La ley del candado
es estar cerrado,
uncido a la aldaba
que cierra la puerta,
la puerta que abre
la llave maestra,
que abre al candado
y también lo cierra.

¿Quién tiene la llave
del conocimiento
que todo lo abre
con el pensamiento?

# El niño y el ser maravilloso

Un niño soñaba con un lago
donde se reflejaba el universo,
vio emerger de las aguas
a un ser alado, mágico e inmenso.
Soy el reflejo de tu mente que me llama,
tu pensamiento me sacó del lago en calma.

De ahora en adelante iré contigo
por los caminos de tus fantasías,
cuenta con que seré el fiel amigo
de tu imaginación todos los días,
se posarán los sueños en tu almohada
cuando un hada cante su melodía.

## Simón y los duendes

A Simón, el pescador,
los duendes lo visitan,
se suben a la cama,
corretean y brincan,
andan por todo el cuarto
cuando todos se duermen,
pero el puede mirarlos
porque ya no les teme.

Cuando llega la mañana,
él cuenta que un enano
le halaba la cobija.
Luego se fue corriendo
cuando lo perseguía
y huyó por la rendija
que excavó en la pared
la luz del nuevo día.

# La escoba

De todos los inventos
el mejor es la escoba,
se queda en el rincón
donde no estorba,
y aparta la basura
que a todos incomoda.

Mi abuela las hacía
con chamizas del monte,
ramitas de albahaca,
de brusca o de pasote,
que al barrer esparcían
fragancias por la casa.

Dicen que en luna llena
las escobas, de las brujas,
son el transporte preferido.
Qué tonto quien lo ha creído,
es más cierto que los niños
las convertimos en caballitos.

## La niña mariposa

La niña mariposa
con su traje de seda
se fue por la arboleda
y ha vuelto muy hermosa.

Vuela como la gracia
que entre las flores juega
con alitas de escarcha
cual barquito de vela.

Linda mariposita,
ven para mi jardín
que hay flores muy bonitas
tan solo para ti.

# Tuqueque el gecko

Tuqueque es un lagarto pequeñito,
que cabe hasta en la grieta más chiquita,
para ser más exacto, es una lagartija
que nació de un huevecillo redondito.

En casa hay uno de esos, muy robusto,
parece un gladiador que come arañas,
a las moscas las ataca con tanta maña,
es un cazador muy pícaro y astuto.

¿Guaripete, te gustan las hormigas?
El responde que sí con su cabeza.
¿Tuqueque, las moscas son tus amigas?
Saca su lengua y atrapa una, ¡qué destreza!

## Gorrión

Pasajero del viento es el gorrión,
ameno con su canto en cada amanecer,
lo miro en la alambrada tomando sol,
bullicioso emplumado, diminuto ser.

Llega uno y otro, y otro, ¿cuántos son?
Forman una centuria melódica y fugaz,
visitantes veraniegos con su canción
en el campo y en los parques de la ciudad.

Gorriones que los niños quieren tener
en sus manitas tibias para jugar,
acariciarlos y darles algo de comer
para luego dejarlos libres volar.

## Si la Tierra dejara de girar

El día quedaría sin tiempo ni andar,
los campos sin viento,
sin olas el mar,
y hasta las aves no podrían volar.

Ya ni los relojes querrían marchar
y el Sol quedaría
anclado, aburrido
contemplando siempre
el mismo lugar.

¡Que la Tierra nunca
deje de girar!

## Cosas de gatos

¿En cuál iglesia bautizan a los gatos?
En la gatólica.

¿A qué le temen los gatos?
A los gataclismos.

¿Cuál es el país de los gatos?
Gataluña.

¿Que le da a un gato si come veneno?
Gaticardia.

¿Qué es un terremoto en Gataluña?
Una gatástrofe.

# El Niño Jesús nació

El Niño Jesús nació
en un portal de Belén
sobre camita de pajas
que José le preparó.

José y María buscaban
posada donde dormir,
cuando menos lo esperaban,
María empezó a parir.

Testigos del nacimiento
fueron la mula y el buey,
a lo lejos cantó un gallo,
nació el niñito Emmanuel.

# Emmanuel

Le dicen el Nazareno
porque creció en Nazaret,
pero en Belén de Judea
fue donde nació Emmanuel.

Jesús también lo han llamado
porque es el Salvador,
es el Lirio de los Valles
por su eterno resplandor.

Amiguito, amiguita,
Cristo fue niño también,
al llegar la Navidad
lo recordamos con bien.

# Un niño muy sabio

Un niño muy sabio,
ese era Jesús,
era muy humilde,
con su gran virtud.

Siendo aún pequeño
en el templo habló
con sabios maestros
y los asombró.

El mundo es más lindo
cuando la verdad
proviene de un alma
donde no hay maldad.

Cantemos, cantemos
por la humanidad,
que el Niño Jesús
vuelve en Navidad.

## Carta al Niño Jesús

Querido Jesús amado
con estos versos sencillos
pido que todos los niños
te recuerden con agrado.

Ruego que el mundo sea bueno,
que se acabe el sufrimiento,
para que vivan contentos
en cada ciudad y pueblo.

Que sea la Navidad
paz y bienaventuranzas,
danos muchas esperanzas
de amor y felicidad.

## Hasta la próxima

He finalizado este libro
con el gusto de haberlo escrito para ti.
Espero que te agrade y puedas recibirlo
como el regalo de un amigo
que te quiere ver feliz.

No dejes que sus páginas
permanezcan cerradas,
no permitas que el olvido
borre las pinceladas
del cariño y ternura
con que he concebido
la sencilla escritura
que a ti está dedicada.

Hasta la próxima, amigo,
amiga que lees feliz,
recuerda que este libro
lo puedes compartir.

## EL AUTOR

Julián Rivero

Nació en San Antonio del Golfo, estado Sucre, Venezuela. Es autor de los poemarios *Buscar más allá del silencio: poemas para encontrarte*, *Desnudo frente al espejo*, *Farsabulario* y de la novela *Gabriel*.

Durante más de treinta años se ha desempeñado como profesor de Castellano y Literatura, desde primaria hasta nivel universitario. En su poética confluyen tradición y vanguardia para cristalizar en expresiones subjetivas sencillas, directas y reflexivas.

## LIBROS DEL AUTOR

DISPONIBLES EN AMAZON.COM